FROHMANN
KLEINE FORMEN

Claudia Vamvas

Sitze im Bus

FROHMANN

KLEINE FORMEN
Claudia Vamvas *Sitze im Bus*
Frohmann Verlag Berlin 2016
orbanism.com/frohmann
 Für den Druck vollständig überarbeitete und erweiterte Neuausgabe
2. Auflage
Gestaltung und Satz Ursula Steinhoff
Lektorat Christiane Frohmann
ISBN 978-3-944195-98-8

Vorwort der Verlegerin

Großes im Kleinen

In Miniaturen können sich verdichtet sonst unübersichtlich große Zusammenhänge zeigen: als maßstabsgerechte Darstellung dessen, was ist, aber auch als Impuls, sich unter Mitwirkung der Rezipierenden erst vor deren innerem Auge zu entfalten.

In den letzten Jahren setzt sich die lange Geschichte der kleinen Formen auch im Netz fort: Aphorismen oder Witze bekommen neue, zeitgemäße Inhalte; früher in privaten Tagebüchern oder Briefen niedergeschriebene Alltags- und Augenblicksbeobachtungen werden instantan gemacht und im digitalen Resonanzraum veröffentlicht.

Das Netz vergisst nichts, aber es verbirgt vieles, wenn man nicht weiß, dass man danach suchen muss. Deshalb sollen in Gestalt der neuen Reihe KLEINE FORMEN besonders schöne und eigensinnige Kürzesttexte aus dem digitalen Flow herausgelöst und auf klassische Weise, als Buch, zugänglich gemacht werden. Die Verlegerin hofft, sich auf diese Aufgabe während vieler Jahre intensiven Lesens, Schreibens und Lebens im Netz angemessen vorbereitet zu haben.

Im vorliegenden ersten Band, *Sitze im Bus,* sind Kürzesttexte von Claudia Vamvas versammelt, die diese als @akkordeonistin zwischen 2012 und 2016 auf Twitter schrieb. Die Besonderheit dieser Texte liegt in der Kraft, scharfe Beobachtung, sprachliche Brillanz und Menschenfreundlichkeit als glückende und glücklich machende Verbindung plausibel zu machen. Leserinnen und Leser bekommen positiv am eigenen Leib zu spüren, dass »kritisch« weder im Netz noch in der physischen Realität zwangsläufig zum Synonym von »gemein« werden muss. – Im Kleinen kann sich verdichtet das Große zeigen: als hermeneutische Lehre ebenso wie als performativer Impuls.

Christiane Frohmann Berlin, im September 2016

Sitze im Bus

1

Ein Mann neben mir telefoniert sehr laut, sagt aber bei jedem dritten Wort: »Ich kann das Wort nicht aussprechen, ich sitze im Bus.«

2

Eben steigen zwei stadtbekannte Kontrolleure ein und geben sich als Fahrgäste aus. Wir können nicht mehr aufhören zu lachen!

TICKET

3

Ich habe mit den Jahren schon so viel erlebt in Bussen, nur um meine Hand angehalten wurde noch nie.

4

Einfach mal »Sie sind alle so schweigsam, bedrückt Sie etwas?« in die Stille hinein fragen.

5

Zähle die ein- und aussteigenden Fahrgäste mit. Aktuell bin ich bei minus zwei. Wenn jetzt noch zwei einsteigen, ist der Bus leer.

6

Hier sitzen zwei Frauen, und ich finde, dass die Frisur der einen exakt zur anderen passen würde, aber ich mische mich da nicht gerne ein.

7

Der Busfahrer hat eben sehr schwer ins Mikrofon geseufzt. Vielleicht würde er eben doch gerne mal mit jemandem reden.

8

Ein Girl nickt unablässig zu einem Song in ihrem Ohr, der Fahrer nuschelt ins Mikrofon, ein kleiner Junge winkt ins Leere.

9

Neben mir sitzt ein alter Mann mit einem grünen Koffer, und darin klingelt ein Wecker, aber ich glaube, er hört ihn nicht.

10

Der Mann vor mir hat ein Blatt im Haar, vom Herbststurm. Rausnehmen mag ich es nicht, aber etwas gerader schieben kann ich es ja.

11

Seit ich in jeder Kurve ein imaginäres riesiges Steuerrad herumreiße, macht es hier bedeutend mehr Spaß.

12

Eine Frau starrt mich mit riesigen Augen unentwegt an. Rücke nun heimlich Zentimeter um Zentimeter aus ihrem Blickfeld.

13

Ein Mädchen mit einer pinkfarbenen Haarschleife gähnt in einem fort, und möglicherweise wird der Sauerstoff hier langsam knapp.

14

In einer Gruppe Jugendlicher ist schon mindestens achtunddreißigmal »Geil!« gefallen. Erst als einer »Shakespeare« sagt, schauen alle auf.

15

Eine aufgeregte Mädchenfußballmannschaft bespricht Strategien, eine alte Dame malt sich einen Mund, ein Junge hält die Ohren zu.

16

Alles wie immer. Da steigt ein finsterer Herr in Schwarz mit einem kleinen gelben Lederkoffer zu, und ich setze zum Schreiben an.

17

Ein Mann gähnt ununterbrochen, ein Kind beobachtet ihn dabei, und eine Frau plaudert alles sogleich im Internet aus.

18

Während ich kurz aus dem Fenster sah, hat die Frau vor mir ihren Dutt geöffnet, die Haare blondiert und eine andere Jacke angezogen.

19

Eben hat ein Kind zu einem kaum jüngeren Kind gesagt: »Ich kann es dir nicht erzählen, ich denke, du bist dafür noch etwas zu klein.«

20

Hier ist einer dieser Männer, die so streng über den Brillenrand gucken, und ich frage mich gerade, wo man das eigentlich lernt.

21

Vor mir sitzt eine Frau mit Ohrenwärmern. Vielleicht sind es auch Kopfhörer, ich kenne mich schon lange nicht mehr mit allem aus.

22

Der Bus wird sein Ziel voraussichtlich mit einer Minute Verspätung erreichen, aufgrund eines küssenden Paares, das sich nicht trennen kann.

23

Und dann telefoniert eine Frau neben dir dreimal hintereinander und erzählt dieselbe Geschichte jedes Mal anders.

24

Der Fahrer pfeift und winkt gutgelaunt einer Bekannten zu, jemand erreicht in letzter Sekunde den Bus – beginnen so nicht Katastrophenfilme?

25

Um mich herum lauter Schüler. Und plötzlich überfällt mich Panik: Ich habe die Hausaufgaben nicht gemacht!

26

Drei Mädchen träumen vom verlorenen Sommer, zwei Jungs spielen Herr von Welt, ein Greis gähnt um sein Leben.

27

Der Busfahrer hat an einer Haltestelle nicht angehalten. In kleinen Gruppen diskutieren wir den Fall, jemand beruhigt die Betroffene.

28

Eine Frau zählt einer anderen lautstark auf, was sie heute alles erledigen muss. Wir sind alle schon fix und fertig.

29

Gibt es eigentlich schon Bus-Tutorials? Ein- und Ausstieg, geeignete Kopfhörer, angemessener Blickkontakt,Territoriumsgrenzen. Diese Dinge.

§

30

Hier hat ein Mann am Telefon jemanden gerade Trottel genannt, und weil dieser es nicht verstand, hat er es zusätzlich buchstabiert.

31

Neben mir steht ein Junge mit einem derart riesigen Rucksack – wenn er jetzt auf den Rücken fällt, kommt er nie mehr hoch.

32

»Na, sitzen Sie auch in diesem Bus?« – »Nein, ich gehe da draußen, aber durch eine Spiegelung sieht es aus, als säße ich neben Ihnen.«

33

Wir verzeichnen vierzehn heruntergezogene Mundwinkel, eine aufgelöste Frisur, zwei Kurzarmhemden und einen schrecklichen Hustenanfall.

34

Ein Girl bewundert seine Nägel, ein Kind verrät seinem Stofftier Geheimnisse, und ein grimmiger Herr findet, es werde zu viel gebaut.

35

Menschen steigen in den Bus, steigen wieder aus. Ein bisschen mehr Kreativität – und sie hätten die Hauptrolle in einem meiner Tweets.

36

Ich will nicht sagen, dass der Mann neben mir zu verträumt ist, aber er spielt schon längere Zeit mit meiner Jackenkordel.

37

Montagmorgen. Ich schlug vor, heute »Wer zuerst lachen muss, verliert« zu spielen. Wir haben alle gewonnen.

38

Regentropfen bahnen sich einen Weg über die Fensterscheibe, der Busfahrer flucht leise. Wir könnten der Anfang eines traurigen Songs sein.

39

Ein kleiner Junge fragt mich, woher ich komme und wohin ich gehe. Noch so klein – und schon die ganz großen Fragen stellen.

40

Eine Frau hier hat Zahnschmerzen,
ihr Hund hinkt seit gestern, der Neffe will
nicht heiraten, und die Nachbarin trinkt.

41

Zwei alte Damen bieten sich gegenseitig den letzten freien Sitz an. Schwer zu sagen, ob aus Freundlichkeit oder Eitelkeit.

42

Eine junge Frau und ein junger Mann werfen sich seit Tagen verstohlene Blicke zu, aber was will man machen.

43

Und dann plötzlich die Vorstellung, keiner im Bus hätte ein bestimmtes Ziel, außer dem, unter Menschen zu sein.

44

Vor mir sitzen zwei Frauen, deren Jacken sich farblich derart schlecht vertragen, dass ich sie umplatzieren möchte.

45

Ein Mädchen fragt, was die Tafel mit dem durchgestrichenen Essen bedeute, und ihre Freundin sagt, man bekomme hier nichts serviert.

46

Eine junge Frau sucht nach etwas Wichtigem und räumt nun ihre Handtasche aus. Möglicherweise brauchen wir noch einen zweiten Bus.

47

Ein Mann, der letzte Woche noch ganz vorne saß und gestern fünf Sitze entfernt, setzte sich heute neben mich. Und was kommt morgen?!

48

Ein kleiner Junge meint, nach jeder Haltestelle seien wir in einem neuen Land. Kleine große Welt!

49

Es gibt Menschen mit einem Gespür für den angemessenen Abstand, und es gibt die Frau neben mir. (Gesendet mit angewinkelten Ellbogen.)

50

Neben mir sitzt ein Herr mit Hornbrille und Aktentasche. Er »liest« die Zeitung. Mein Gott, der Trick ist so alt!

51

Als ich schon fast aussteigen musste und nichts passiert war, stieg noch ein Mädchen mit frischen Blumen im Haar ein.
Das war schön.

52

Eine Frau erklärt einer anderen seit Minuten etwas, was diese einfach nicht begreift. Wir wissen bald nicht mehr weiter.

53

Mein Sitznachbar löst ein Kreuzworträtsel. Eben sah ich, wie er einen entscheidenden Fehler machte, und musste aussteigen.

54

Zwei Frauen unterhalten sich laut, der Rest döst. Plötzlich nähern sich ihre Köpfe, sie flüstern: alle hellwach.

55

Ein als Engel verkleideter Mann verteilt Bonbons, und eine alte Frau sagt, sie passe schon lange nicht mehr in diese Welt.

56

Ich würde nicht behaupten, dass mir im Urlaub das Busfahren fehlt, aber ich rutsche gerade mit einem Stuhl am Fenster vorbei.

57

Der Busfahrer hat nochmals angehalten, um mich einsteigen zu lassen. Vielleicht holt er mich morgen sogar zu Hause ab.

58

Ein alter Mann trägt neonfarbige Sneakers, eine Frau macht am Telefon mit ihrem Freund Schluss, und ein Punk gähnt.

59

Das Lauteste hier ist das Knistern des Faltenbalgs, und auch sonst sind wir Ostschweizer nicht für ein feuriges Temperament bekannt.

60

Die Frau ist ausgestiegen, aber ihr Geplapper hängt noch im Raum. Wir bitten den Busfahrer, kurz durchzulüften.

61

Fahre rückwärts, und zwanzig Augenpaare blicken mich an. Hätte ich Fingerpuppen dabei, könnte ich ihnen was vorspielen.

62

Hier haben sich die Kopfhörerkabel zweier Reisender verheddert. Ich denke, sie müssen für immer zusammenbleiben.

63

Noch rasch ein Foto machen vom ausgeschalteten Herd, damit ich mit dem Bus nicht umkehren muss, um nachzusehen.

64

Jemand erzählt von zwei Zwillingen, und ich weiß einfach nicht, ob es jetzt zwei oder vier Personen sind.

65

Zwei Männer überlegen, woher sie sich kennen. Arbeit, Militär, Schule – nichts. Die Miss Marple in mir beobachtet: derselbe Friseur.

66

Frage mich vorwurfsvoll, ob ich Ihnen vielleicht ein falsches Bild von Regionalbussen in der Ostschweiz vermittelt habe.

67

Kenne mittlerweile jede Nuance zwischen offenkundigem Anstarren, verlegenem Wegschauen und höflicher Gleichgültigkeit.

68

Nahm einen früheren Bus. Auch hier lauter Menschen, die aussehen, als hätten sie noch nie gelacht.

☹

69

Sitze zwischen einem halben Dutzend kleiner Mädchen. Bin nun über die praktischsten Arten, Feen aus Büchern abzupausen, informiert.

70

Ein Junge zählt seine Finger und kommt dabei auf elf, der Fahrer vergisst, dem Kollegen zu winken, und eine Frau niest wie ein Pferd.

71

Stelle mir vor, wie hier Liebesgeschichten beginnen könnten: »Entschuldigung, aber Sie sitzen auf meinem Mantel!«

72

Als der Bus beim Rotlicht hielt und die nächste Haltestelle angesagt wurde, rief ein kleines Mädchen: »Weiß ich doch. Und jetzt fahr weiter!«

73

Ich will nicht sagen, dass der Busfahrer eine ruppige Fahrweise hat, aber mein Sitznachbar hat gerade in meiner Timeline einen Tweet gefavt.

74

Einen nicht unwesentlichen Teil dessen, was ich über soziale Intelligenz weiß, habe ich zwischen zwei sich öffnenden Bustüren gelernt.

75

Ein Telefongespräch führen ist das eine. Aber ein brisantes Telefonat führen und an der entscheidenden Stelle einfach aussteigen?!

76

Im Bus telefoniert eine Frau pausenlos mit zwei Handys, und ich denke manchmal schon, bei mir sei viel los, wenn es an der Tür klingelt.

77

Eben saß tatsächlich jemand auf meinem Stammplatz. Natürlich habe ich keine Szene gemacht, ihn nur ganz ruhig runtergeschubst.

78

Zwei Girls reden völlig aufgeregt durcheinander. Ich glaube, es geht um Leben und Tod oder um einen Jungen, der gestern lächelte.

79

Heute nur Profis: geordnetes Einsteigen,
Sitzen in größtmöglichem Abstand,
gleichgültige Blicke, Schweigen.

80

Der Mann rechts neben mir liest mit, versteht eure Tweets aber nicht. Jetzt muss ich ihm jeden erklären, herrje.

81

Wetten, dass ich jeden städtischen Gelenkbus am Knistern des Faltenbalgs erkennen kann?

82

Eine Frau sagt zu ihrer daraufhin lange nachdenklich nickenden Bekannten: »Man kann nur noch glauben, was man selber hört.«

83

Da fährt ein Mensch jahrelang dieselbe Strecke mit dir, und erst als er plötzlich nicht mehr da ist, machst du dir Gedanken über ihn.

84

Eine Frau feilt die Nägel, ein Herr bindet die Krawatte neu, und ich bringe morgen eventuell das Bügeleisen mit.

85

Um mich herum fleißige Schüler. Sie üben die Personalpronomen, vermute ich. »Ich so. Du so. Er so. Wir so. Ihr so. Sie so.«

86

Eben sind zwei Frauen zugestiegen, die die ganze Zeit »So was Unnützes!« und »Wer braucht denn so was« sagen, aber sie verraten einfach nicht, was!

87

Eine Frau beendet jeden Satz mit »sozusagen«. Mein inneres Synonymwörterbuch schlägt ihr vor, im Wechsel »gleichsam« zu verwenden.

88

Fahre in der Mittagspause eine Runde mit dem Bus, weil die Frau, die die Haltestellen ansagt, eine so beruhigende Stimme hat.

89

An jeder Haltestelle bringen die neu Zugestiegenen eine furchtbare Unruhe in die inzwischen miteinander arrangierte Zwangsfahrgemeinschaft.

90

Wer regelmäßig morgens Bus fährt, kennt alle Nuancen zwischen Nichtreden und eisigem Schweigen.

91

Eine Frau ruft einer Bekannten weit vorne etwas zu. Diese versteht nicht. Sagen es nun von Sitz zu Sitz weiter. Ohne Garantie.

92

Wir fahren durch stockdicken Nebel. Für jede Haltestelle, die der Fahrer findet, bekommt er spontanen Applaus.

93

Es gibt Situationen, in denen ich schreibe, ich säße im Bus, obwohl ich schon ausgestiegen bin. Glauben Sie mir, es ist mir nie ganz wohl dabei.

94

Diese Hilflosigkeit erwachsener Menschen, wenn der Bus hält, die Tür aufgeht und zwei Menschentrauben sich unvermittelt gegenüberstehen.

95

Ich erkenne mittlerweile etwa neunundneunzig Arten, wie man als potenzieller Sitznachbar mithilfe nonverbaler Kommunikation abgewiesen wird.

96

Jemand äugt vorwurfsvoll auf meinen Sitz, eine Frau hat Schluckauf, und ein aus seinem Anzug herausgewachsener Junge liest die NZZ.

97

Ich will nicht behaupten, dass der Fahrer zu wild in die Kurven fährt, aber wir sitzen plötzlich alle an einem andern Platz.

98

Auch heute Morgen sind wieder starke Unsicherheiten bei den Themen »Einstieg« und »angemessene Dauer des Blickkontaktes« auszumachen.

99

Wenn man einige Jahre dieselbe Strecke fährt, stoppt der Busfahrer, während man noch Tweets liest, und fragt: »Müssen Sie hier nicht raus?«

100

Suche nach dem Schild »Bitte verhalten Sie sich ruhig während der Fahrt und schauen Sie mit leerem Blick aus dem Fenster«.

101

Eine Frau erzählt sprudelnd von Hochzeitsvorbereitungen und Ballons. Ihr hat wohl niemand gesagt, dass wir hier immer schweigen.

102

Und dann telefoniert ausnahmsweise jemand derart leise, dass man unglaublich neugierig wird.

103

Ein kleines Mädchen durchbricht die Stille und fragt: »Wer hat denn hier gepupst?« Man lächelt und beäugt sich scheel.

104

Ein Mann mit Bierdose versichert am Telefon, er trinke seit Tagen nicht. Wir wollen nicht petzen und nicken alle stumm.

105

Unser Busfahrer hat jemanden nicht aussteigen lassen und einen Fußgänger beinahe angefahren. Wir werden dieses Rennen gewinnen!

106

Als wir abfahren, schlägt ein Mann verzweifelt gegen die Türe. Hilflos sehen wir zu, wie er zurückbleibt. Kleine Dramen.

107

Eine junge Frau schreit ins Telefon, wenn das so sei, kehre sie auf der Stelle um. Der Fahrer fährt unbeeindruckt weiter.

108

Wir schweigen beharrlich. Jemand könnte ein Gedicht rezitieren, aber wer kennt heutzutage noch Gedichte?

109

Die Jugendlichen erzählen vom Wochenende. Am meisten punktet der, der sich an nichts mehr erinnern kann.

110

»… und dann träumte ich noch, wie ein Zug einfuhr und ein Junge mit einem Leoparden …«
»Während der Fahrt nicht mit dem Busfahrer sprechen!«

111

Ein Junge sagt zum anderen, er habe den Turnbeutel vergessen. Er weiß noch nicht, dass es ihn ein Leben lang beschäftigen wird.

112

Eine Frau erzählt ihrem Bekannten traurig, ihr Huhn sei krank, aber sie glaube, mit Hühnern gehe man nicht zum Tierarzt.

113

Als ich derart in Gedanken war, daraufhin in stumme Gesichter blickte und für einen Moment befürchtete, sie hätten alles hören können.

114

Der frisch Zugestiegene missachtet das ungeschriebene Gesetz, dass man sich im leeren Bus erst mal verteilt, und setzt sich direkt neben mich.

115

Wir leben im 21. Jahrhundert, und ein kleiner Junge will nicht glauben, dass auch Frauen Busse lenken dürfen.

116

Eine Bushaltestelle zu spät ausgestiegen. Um mir keine Blöße zu geben, schlendere ich erst in Fahrtrichtung weiter und renne später zurück.

117

Zu spät erkannte ich heute, welch fatale Kettenreaktion ich auslöste, als ich mich gedankenlos auf jemandes Stammplatz setzte.

118

Zwei Jungs begrüßten sich per Handschlag, mussten aber leider mittendrin unterbrechen, weil der eine nach drei Stationen ausstieg.

119

Wer an der letzten Bushaltestelle gutgelaunt zusteigt, kann sich unversehens einer stummen eingeschworenen Gemeinschaft gegenübersehen.

120

Ich sitze und bemängele, dass die Anordnung der Sitze es nicht zulässt, einen natürlichen Abstand zu wahren.

121

Heute kam ich etwas später zur Arbeit, da eine Frau eine derart spannende Geschichte erzählte, dass ich unmöglich aussteigen konnte.

122

Und wenn ich nun einfach nicht aussteigen und an der Endhaltestelle ein neues Leben anfangen würde?

123

Ein älterer Herr sagt, er brauche weder Handy noch Internet. Er habe Teletext, und wenn er nicht zu Hause sei, sei er halt nicht da.

124

Die beiden jungen Frauen neben mir im Bus erzählen die langweiligsten Dinge, aber kaum wird es spannend, flüstern sie.

125

Ein Mann hat seine Kopfhörer akribisch zusammengerollt, und es tut einem leid, zu wissen, dass sie sich trotzdem verknoten werden.

126

Ich habe heute im Bus einen Zettel mit wunderlichen Notizen verloren, die den Finder tagelang beschäftigen werden.

127

Drei kleine Jungs diskutieren im Bus über ihr Berufsziel. Einziges Kriterium: ob man dabei sitzt, steht oder am Boden liegt.

128

Eine Frau spricht mit dem Fenster, ein Mann klopft mit den Fingern irgendeinen Takt, und auf der Wiese steht eine traurige Kuh.

129

Bis auf die Tatsache, dass wir alle in dieselbe Richtung möchten, verbindet uns hier eigentlich recht wenig.

130

Ich mag es nicht, wenn im Bus jemand am Telefon streitet und ich nicht weiß, für wen ich sein soll, weil mir wesentliche Fakten fehlen.

131

Drei junge Männer ziehen im Sekundentakt die Nase hoch, ein vierter hustet. Vielleicht machen sie aber auch Beatboxing.

132

Hier ist eine lästige Fliege, und ich bin mir fast sicher, dass die von zu Hause einfach mitgekommen ist.

133

Eine mir unbekannte Frau erzählte mir, sie beobachte gerne die Leute. Ich sagte, ich auch. Nun mustern wir uns stumm.

134

Eine Frau hat nach minutenlangem Rascheln irgendeine Tüte endlich aufgekriegt, und jetzt ruft jemand, dass man hier gar nicht essen dürfe.

135

Es ist nicht zufriedenstellend, im Bus Gespräche fremder Menschen mithören zu müssen, ohne Zwischenfragen stellen zu dürfen.

136

Vorhin gähnte ich, und kurz darauf gähnten zwei andere Fahrgäste auch. Vielleicht probiere ich es mal mit etwas anderem.

137

Heute war im Bus zum ersten Mal so etwas wie eine weihnachtliche Stimmung zu verspüren, als ein kleines Mädchen eine Mandarine aß.

138

Ein Mann poliert seinen Ehering, eine Frau blickt ungläubig in ihre Agenda, und ein Mädchen scheitelt sich zum x-ten Mal um.

139

Ich mustere die anderen Fahrgäste und überlege mir, ob sie sich wohl Gedanken über mich machen, aber wer macht schon so was.

140

Immer wenn du denkst, jetzt passt aber wirklich keiner mehr in den Bus, kommt noch eine Frau mit einer Harfe.

Zur Autorin
Claudia Vamvas lebt in der Schweiz und arbeitet hauptberuflich als Lektorin. In den Wirkungsschleifen von Twitter ist sie nach und nach selbst zur Autorin geworden. Mittlerweile schreibt sie auch gern Texte mit mehr als 140 Zeichen. Welches Instrument sie liebt, verrät ihr Twittername @akkordeonistin.

Zum Verlag
Der Frohmann Verlag wurde im Jahr 2012 gegründet und ist ein Einpersonenunternehmen mit vielen hundert Mitwirkenden. Er trägt den Familiennamen der Verlegerin, um ein Zeichen zu setzen gegen eine Startup-Verlagskultur mit Exitstrategie. Die Arbeit geschieht investorenfrei, Frohmann ist Indie.
Im Frohmann Verlag werden neue kulturelle Formen in den Blick genommen, darunter genuin digitale Literatur und kollaboratives Schreiben im Netz. Zum Verlag gehören die Wissenschaftsreihe GENERATOR, die Printreihe KLEINE FORMEN und die gemeinsam mit Asal Dardan und Michaela Maria Müller herausgegebene medienübergreifende Reihe AN EINEM TISCH. Das Goethe-Institut hat im Frohmann Verlag 2017 die E-Book-Reihe HAUSBESUCH und das Konferenz- E-Book *European Angst* herausgegeben.

Die Grenzen zwischen Schreiben, Lesen und Publizieren fließen bei Frohmann stärker, als man es von klassischen Verlagen her kennt – hierin orientiert man sich am Netz. Viele Titel werden ausschließlich als E-Books veröffentlicht, weil sie im Print undenkbar wären.

Kleine Formen

In Miniaturen können sich verdichtet sonst unübersichtlich große Zusammenhänge zeigen: als maßstabsgerechte Darstellung dessen, was ist, aber auch als Impuls, sich unter Mitwirkung der Rezipierenden erst vor deren innerem Auge zu entfalten. In den letzten Jahren setzt sich die lange Geschichte der kleinen Formen auch im Netz fort: Aphorismen oder Witze bekommen neue, zeitgemäße Inhalte; früher in privaten Tagebüchern oder Briefen niedergeschriebene Alltags- und Augenblicksbeobachtungen werden instantan gemacht und im digitalen Resonanzraum veröffentlicht.

Das Netz vergisst nichts, aber es verbirgt vieles, wenn man nicht weiß, dass man danach suchen muss. Deshalb werden in Gestalt der Frohmann-Reihe KLEINE FORMEN seit 2016 besonders schöne und eigensinnige Kürzesttexte aus dem digitalen Flow herausgelöst und auf klassische Weise, als Buch, zugänglich gemacht.

Bildnachweis
Icons von Freepik, SimpleIcon, Victor Erixon, Spovv, Eleanor Wang, Dave Gandy, Icomoon, Madebyoliver, Egor Rumyantsev, Vectorgraphit, Hanan, Hadrien, EpicCoders, Marta Copola, Zurb, GraphicsBay, Eucalyp, Zlatko Najdenovski, Iconnice, Pixel perfect, Vignesh Oviyan, Yannick bei www.flaticon.com.